Have
Fun!

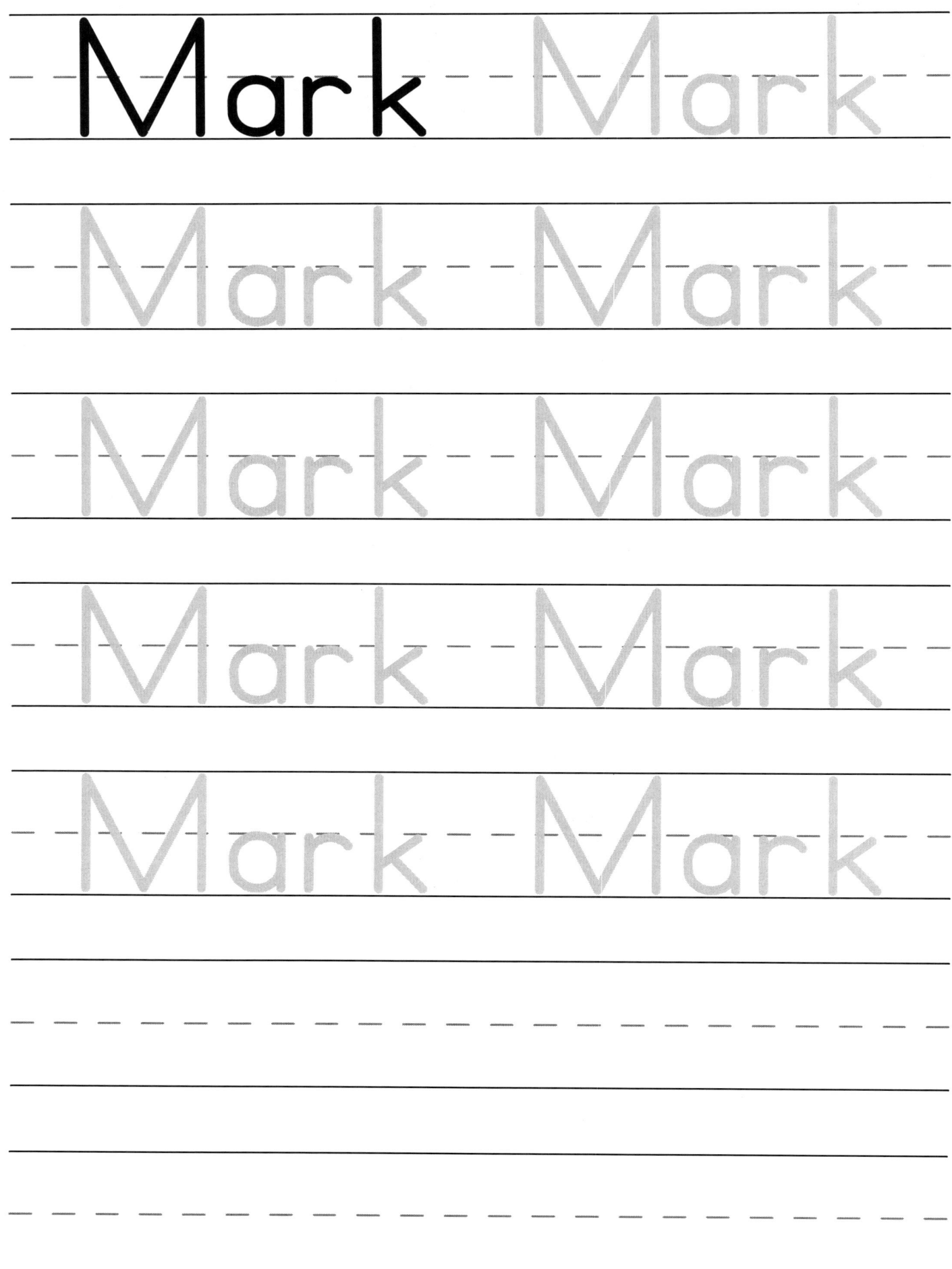

Mark Mark

Mark Mark

Mark Mark

Mark Mark

Mark Mark

Mark Mark

Mark Mark

Mark Mark

Mark Mark

Mark Mark

Mark   Mark

Mark   Mark

Mark   Mark

Mark   Mark

Mark   Mark

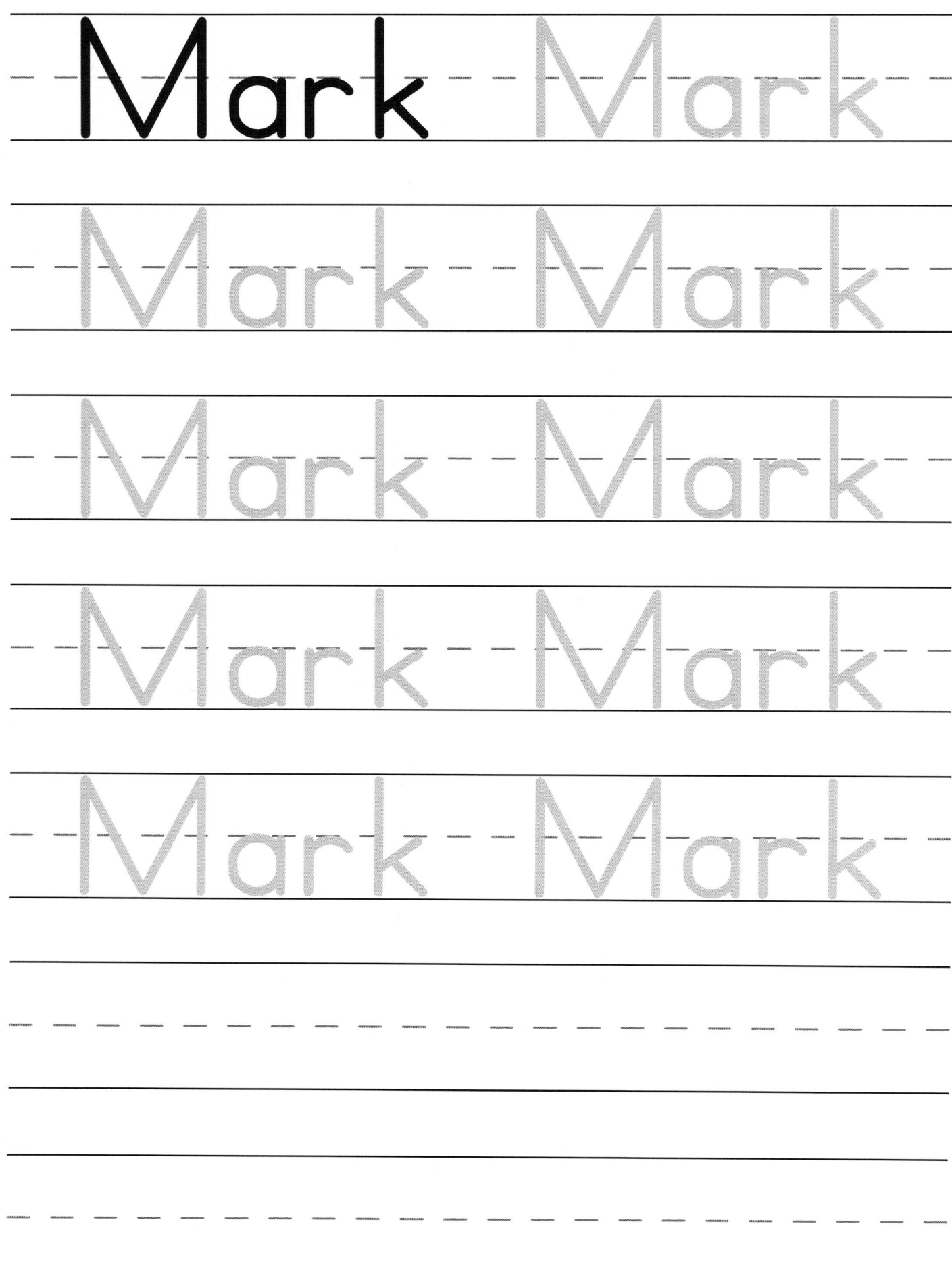

Mark Mark

Mark Mark

Mark Mark

Mark Mark

Mark Mark

Mark

Mark

Mark

Mark

Mark

Mark

Mark

Mark

Mark

Mark

Mark

Mark

Mark

Mark

Mark

Mark

Mark

Mark

Mark

Printed in Great Britain
by Amazon

42236047R00032